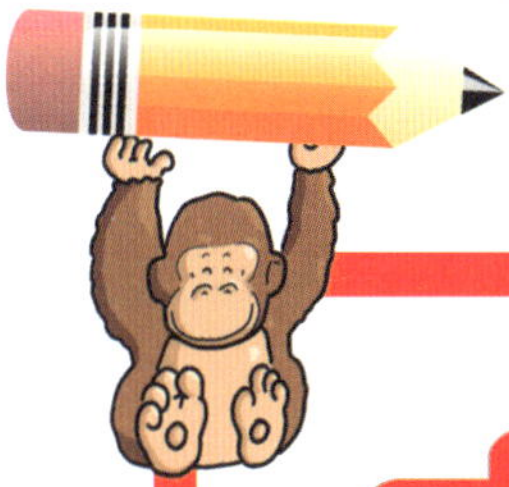

예쁘고 바른 한글 쓰기

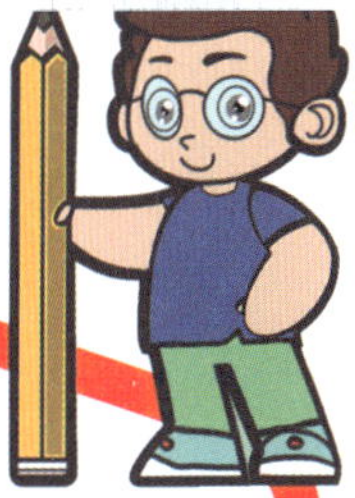

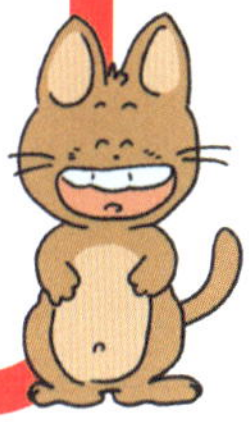

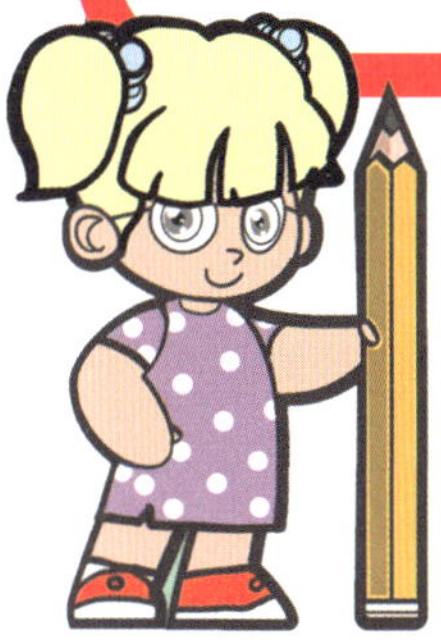

글 콘텐츠 기획팀 그림 황명석

그림 **황명석**
대학과 대학원에서 순수미술을 전공하였으며,
미술학원 강사, 개인전 및 전시회 다수 하였습니다.
현재는 출판 및 프리랜서 일러스트레이터로 활동하고 있습니다.
그린 책으로는 〈냥이와 함께 처음 만나는 컬러링북〉, 〈집에서 하는 재밌는 두뇌놀이〉,
〈초등 바른 글씨 연습장〉등이 있습니다.

초판 1쇄 인쇄		2022년 1월 20일
초판 1쇄 발행		2022년 1월 28일

펴낸곳 | 좋은친구 출판사
글 | 콘텐츠 기획팀
그림 | 황명석
펴낸이 | 조병욱
인쇄·제본 | 성광인쇄(주)
등록번호 | 제 2016-9호
주소 | 서울특별시 도봉구 시루봉로 192-6
전화 | 070-8182-1779   **팩스** | 02-6937-1195
E-mail | friendbooks@naver.com

ISBN | 979-11-88483-26-6   73700

값 9,000원
◉ 잘못 만들어진 책은 구입처에서 교환해 드립니다.

머리말

글씨는 학습 능력과도 밀접한 관계가 있습니다.
사람마다 얼굴이 다르듯이 글씨 또한 글씨체가 다릅니다.
대충대충 쓴 글을 보면 좋은 느낌을 갖기 어렵습니다.
글의 내용이 아무리 좋아도 악필로 글을 쓴 사람이 손해를 볼 수 있죠.
그래서 공부를 가르치기 전에 글씨를 바르게 쓸 수 있도록 해야 합니다. 공부하는 힘이 되는 방법의 시작은 반듯한 예쁜 글씨입니다.

악필 교정은 오랜 시간이 걸리므로 저학년 때 빨리 바로잡아 주어야 합니다.

이 책은 글쓰기를 처음 시작하는 초등 저학년 학생들이 부담 없는 분량으로 아주 기초부터 매일 조금씩 재미있게 연습할 수 있도록 구성되어 있으며 다양한 문장으로 좀 더 쉽게 기본기를 다질 수 있도록 되어 있습니다. 매일매일 꾸준한 노력으로 한 장 한 장 연습하다 보면 아무리 못난 손 글씨도 어느새 반듯하고 예쁜 글씨로 쓰고 있는 아이를 발견할 것입니다.

이 책을 통하여 글씨로 자존감이 떨어진 아이들이 글씨 쓰는 습관은 물론 학습에도 많은 도움이 되길 바랍니다.

악필 탈출 ! 누구나 알아볼 수 있는 바른 글씨 완성.

1 그림을 보고 바르게 따라 써 보세요.

  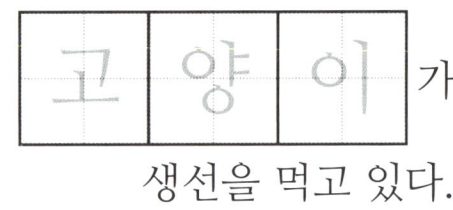

생선을 먹고 있다.

  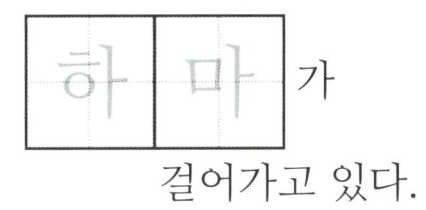

걸어가고 있다.

  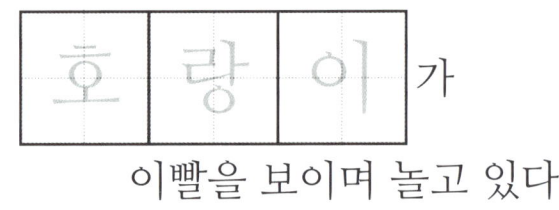

이빨을 보이며 놀고 있다.

  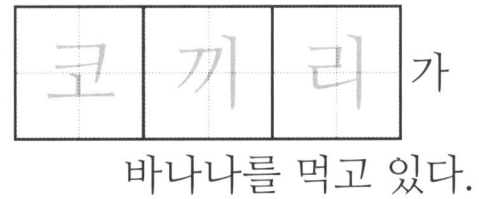

바나나를 먹고 있다.

  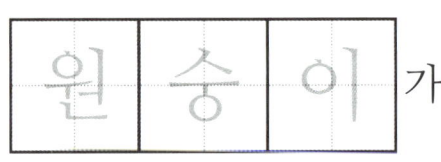

나무에 매달려 있다.

2 끝말잇기를 하면서 따라 써 보세요.

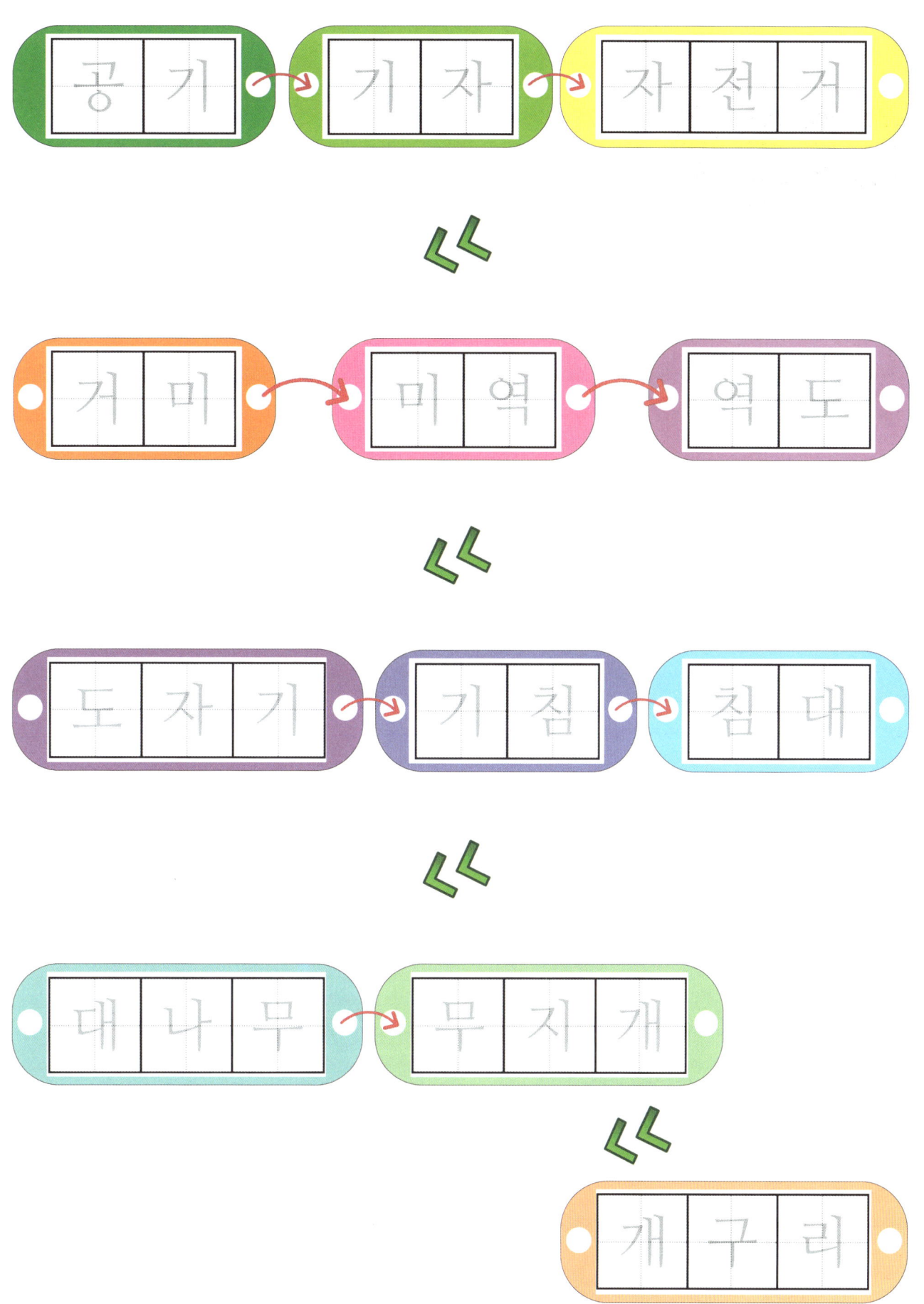

3 그림을 보고 바르게 따라 써 보세요.

 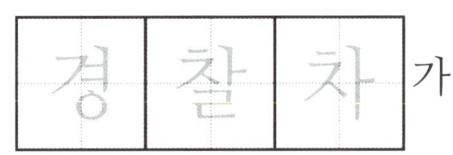가

출동했다.

 화재현장에 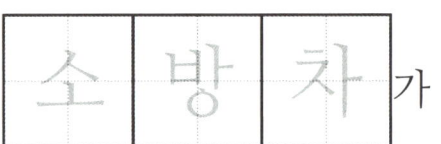가

왔다.

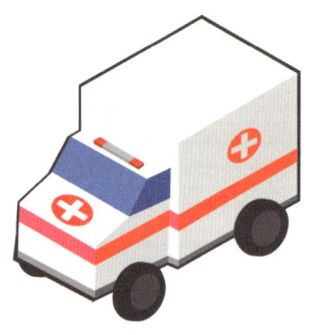 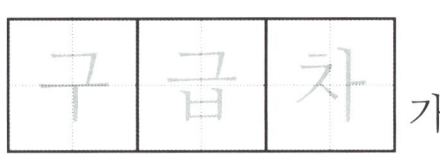가

병원으로 갔다.

 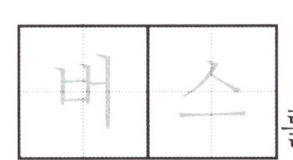를 타러

정류장으로 갔다.

 짐을 실은 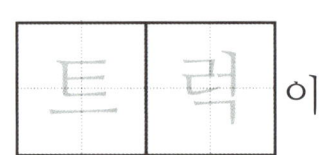이

출발했다

그림을 보고 알맞은 낱말을 찾아 선으로 잇고, 따라 써 보세요.

 ● ●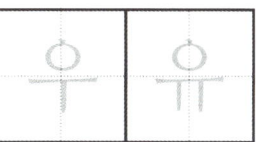

 ● ●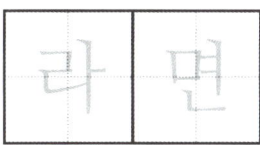

 ● ●

 ● ●

 ● ●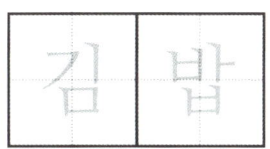

2 여러 가지 직업의 그림을 보고 바르게 따라 써 보세요.

소 방 관 들이 불을
끄고 있어요.

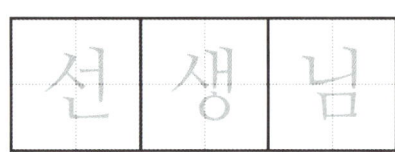
선 생 님 의 말씀에
귀를 기울이다.

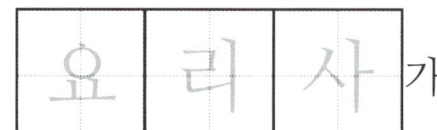
요 리 사 가
되는것이 꿈이다.

그는 축 구 선 수 이다.

3 문장을 바르게 따라 써 보세요.

1. 친구들과 공원에서 놀던 기억은 지금도 새롭다.

	친	구	들	과		공	원	에	서
놀	던		기	억	은		지	금	도
새	롭	다	.						

2. 축구경기가 흥미롭다.

| | 축 | 구 | 경 | 기 | 가 | | 흥 | 미 | 롭 |
| 다 | . | | | | | | | | |

3. 누나의 손이 부드럽다.

| | 누 | 나 | 의 | | 손 | 이 | | 부 | 드 |
| 럽 | 다 | . | | | | | | | |

4. 가방과 옷의 색깔이 조화롭다.

| | 가 | 방 | 과 | | 옷 | 의 | | 색 | 깔 |
| 이 | | 조 | 화 | 롭 | 다 | . | | | |

03 3일차   월   일

1 수를 세는 말을 바르게 따라 써 보세요.

배 두 척

| 배 | | 두 | | 척 |

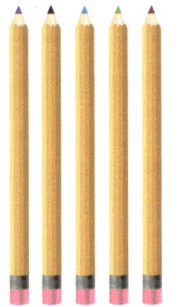

연필 다섯 자루

| 연 | 필 | | 다 | 섯 | | 자 | 루 |

자동차 세 대

| 자 | 동 | 차 | | 세 | | 대 |

집 다섯 채

| 집 | | 다 | 섯 | | 채 |

2 문장을 바르게 따라 써 보세요.

◆ **너머** ----- 높이나 경계로 가로막은 높은 곳의 저쪽 또는 공간

담 너머로 넓은 마당이 보인다.

	담		너	머	로		넓	은	
마	당	이		보	인	다	.		

저 고개 너머에 할머니 집이 있다.

	저		고	개		너	머	에	
할	머	니		집	이		있	다	.

◆ **넘어** ----- 높은 부분을 지나가다. 시간 또는 시기가 지나다.

나는 자정이 넘어 집으로 들어갔다.

	나	는		자	정	이		넘	어
집	으	로		들	어	갔	다	.	

멧돼지가 울타리를 넘어 도망갔다.

	멧	돼	지	가			울	타	리	를
넘	어		도	망	갔	다	.			

3 그림을 보고 바르게 따라 써 보세요.

 를 제일 좋아한다.

먹음직스러운 포 도

식 빵 에 딸기잼을 발라 먹었다.

수 박 이 잘 익었다.

원숭이가 바 나 나 를 먹고 있다.

12

1 ( )안의 낱말을 바르게 고쳐 써 보세요.

1. 호랑이가 닭을 (자바먹다).

2. 어려서부터 음악에 (제주)가 있었다.

3. 동생은 딸기를 (재일) 좋아한다.

4. 그 일은 (걱쩡)할 필요가 없다.

정답 1. 잡아먹다 2. 재주 3. 제일 4. 걱정

2 시간을 나타내는 낱말을 바르게 따라 써 보세요.

아침 | 점심 | 저녁

| 아 | 침 | | 점 | 심 | | 저 | 녁 |

봄 | 여름 | 가을 | 겨울

| 봄 | | 여 | 름 | | 가 | 을 | | 겨 | 울 |

과거 | 현재 | 미래

| 과 | 거 | | 현 | 재 | | 미 | 래 |

어제 | 오늘 | 내일

| 어 | 제 | | 오 | 늘 | | 내 | 일 |

3 그림과 맞게 낱말을 선으로 연결하여 바르게 따라 써 보세요.

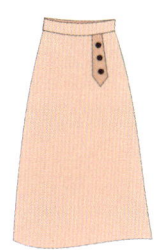 • • 치 • • 크

 • • 책 • • 마

 • • 풍 • • 상

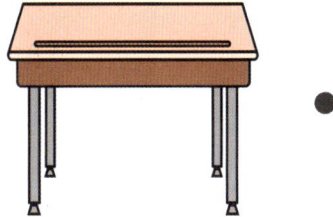 • • 탱 • • 선

15

05 가족관계 명칭을 바르게 따라 써 보세요.

 시골 할아버지 댁에 갔다.

우리 형제들은 할머니 를 잘 따랐다.

 아버지 를 쏙 빼닮았다.

어머니 생각이 문득 떠오르다.

2 낱말을 바르게 따라 써 보세요.

  → 가수

  → 토끼

  → 당근

  → 택시

  → 지구

3 그림을 보고 바르게 따라 써 보세요.

 >> 삐약삐약 병아리

 >> 뻐끔뻐끔 물고기

 >> 멍멍 강아지

 >> 꿀꿀꿀 돼지

 >> 꽥꽥꽥 오리

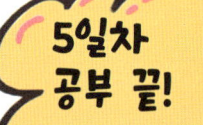
5일차 공부 끝!

1 ( )안의 낱말을 바르게 고쳐 써 보세요.

1. 높은 산과 (깁은) 골짜기를 등산하다.

2. 하품하는 아이를 (제우다).

3. 어젯밤 (포구)로 담장이 무너졌다.

4. 다른 사람의 물건을 (탐네다).

 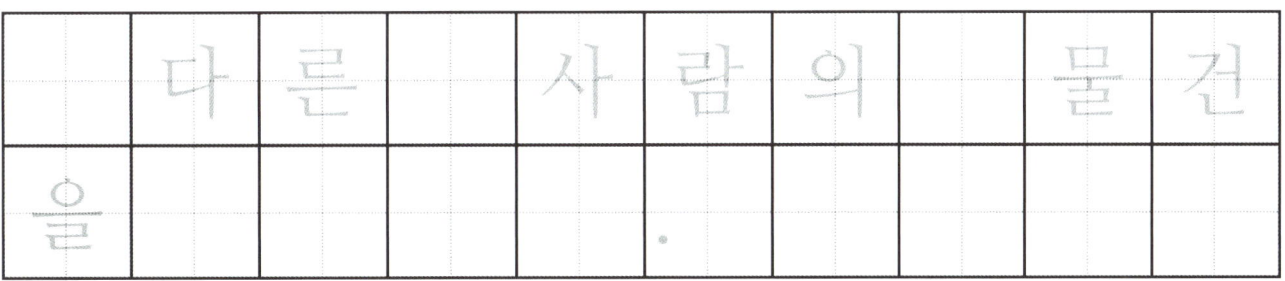

정답 1. 깊은 2. 재우다 3. 폭우 4. 탐내다

2 그림의 모양이나 동작을 흉내 내는 낱말을 바르게 따라 써 보세요.

 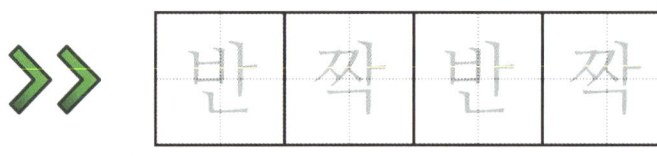

 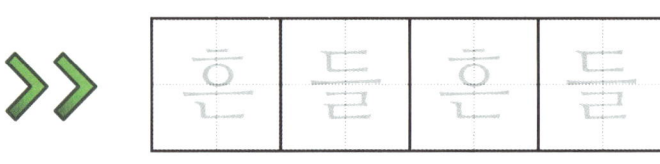

  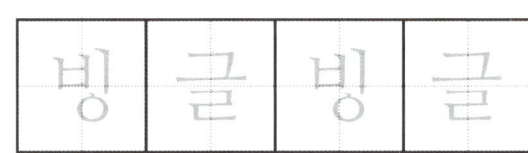

  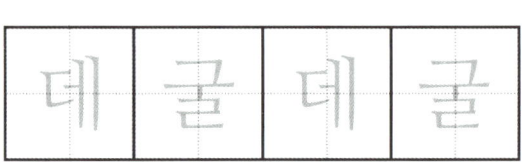

3 헷갈리는 낱말을 바르게 따라 써 보세요.

1. 늘리다 – 공부 시간을 늘리다.   느리다 – 동작이 무척 느리다.

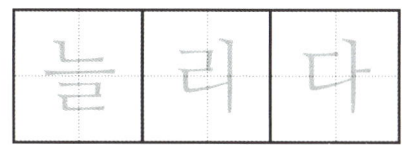   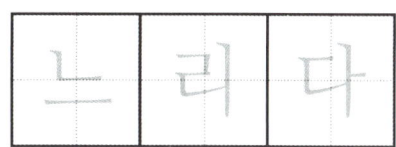

2. 식혀서 – 뜨거우니까 조금   시켜서 – 자신의 일을 남에게
         식혀서 드세요.   시켜서는 안 된다.

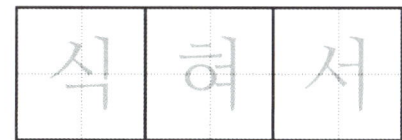   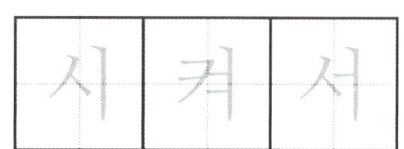

3. 붙이다 – 경쟁을 붙이다.   부치다 – 달걀을 부치다.

4. 띄다 – 남의 눈에 띄다.   띠다 – 흡족한 미소를 띠다.

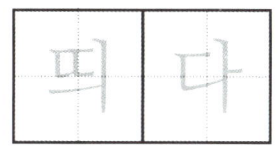   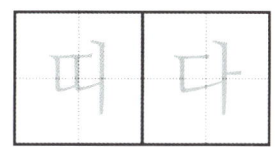

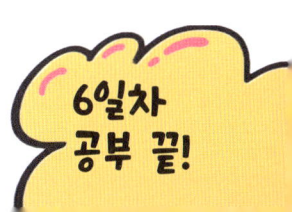

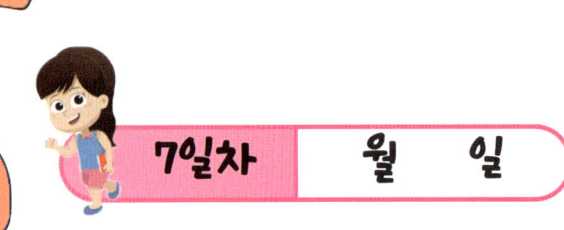

바꾸어 사용할 수 있는 비슷한 뜻의 낱말을 따라 써 보세요.

1. 눈이 항상 내립니다.

   눈이 자주 내립니다.

2. 수업 내용을 간추리다.

   수업 내용을 요약하다.

3. 화재를 막다.

   화재를 예방하다.

4. 도서관에 자주 간다.

   도서관에 어쩌다가 간다.

2 공통으로 가지고 있는 받침의 낱말을 바르게 따라 써 보세요.

젊다

삶다

닮다

넓다

얇다

짧다

맑다

밝다

읽다

3 신체 명칭의 그림을 보고 바르게 따라 써 보세요.

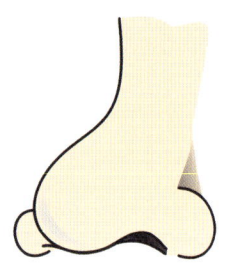 >> 가 오뚝하고 예쁘다.

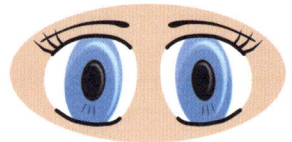 >> 보는 이 정확하다.

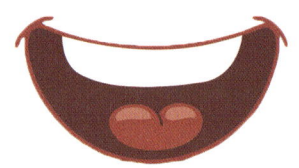 >> 사과 한 만 먹어 보자.

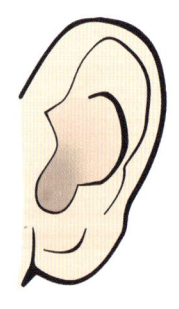 >> 에 대고 속삭이다.

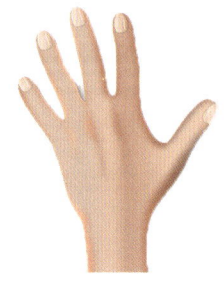 >> 을 나에게 내밀어라.

7일차 공부 끝!

기분을 나타내는 낱말을 바르게 따라 써 보세요.

1. 기쁘다 - 입단하게 되어서 기쁘다.

	입	단	하	게		되	어	서	
기	쁘	다	.						

2. 고맙다 - 따뜻한 배려가 고맙다.

	따	뜻	한		배	려	가		고
맙	다	.							

3. 부럽다 - 친구는 형제가 많아서 부럽다.

	친	구	는		형	제	가		많
아	서		부	럽	다	.			

4. 슬프다 - 그 영화는 결말이 무척 슬프다.

	그		영	화	는		결	말	이
무	척		슬	프	다	.			

2 문장을 바르게 따라 써 보세요.

1. 우리는 나이를 한 살씩 먹습니다.

   → 나이를 먹다.

2. 힘들지만 이를 악물고 끝까지 뛰었다.

   → 이를 악물다.

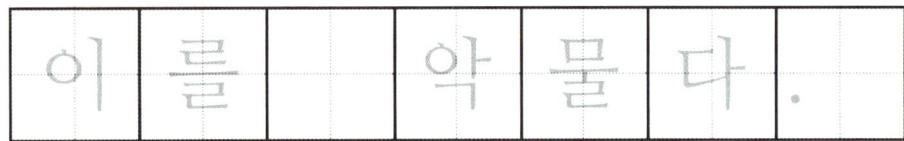

3. 친구의 아픈 모습을 보니 가슴이 아프다.

   → 가슴이 아프다.

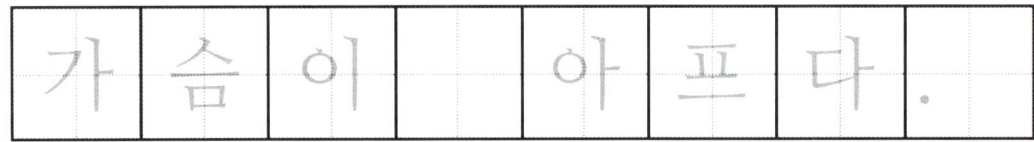

4. 정신을 팔다가 넘어지고 말았다.

   → 정신을 팔다.

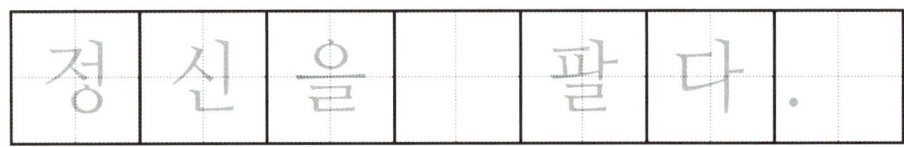

3 뜻이 반대되는 낱말을 선으로 잇고, 바르게 따라 써 보세요.

 •   •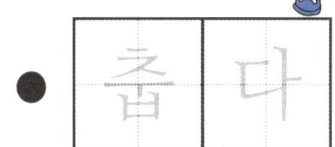

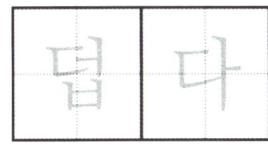 •   •

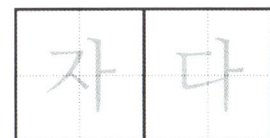 •   •

 •   •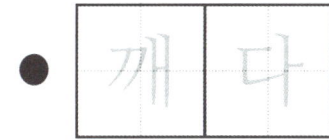

 •   •

정답: 두껍다 ↔ 얇다   덥다 ↔ 춥다   자다 ↔ 깨다
붙이다 ↔ 떼다   앉다 ↔ 서다

9일차   월   일

1 '가락'이 들어 있는 낱말을 바르게 따라 써 보세요.

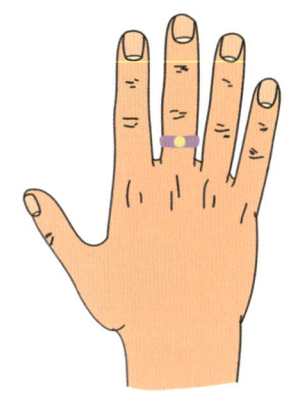

손가락 에 반지를 끼다.

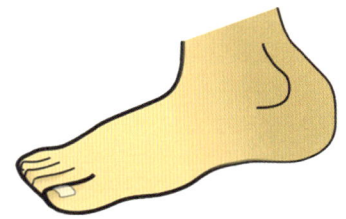

발가락 이 근질근질 가렵다.

숟가락 으로 밥을 먹었다.

칼국수 한 젓가락 만 먹을게.

2 어제, 지금, 내일의 뜻을 생각하며, 낱말을 바르게 따라 써 보세요.

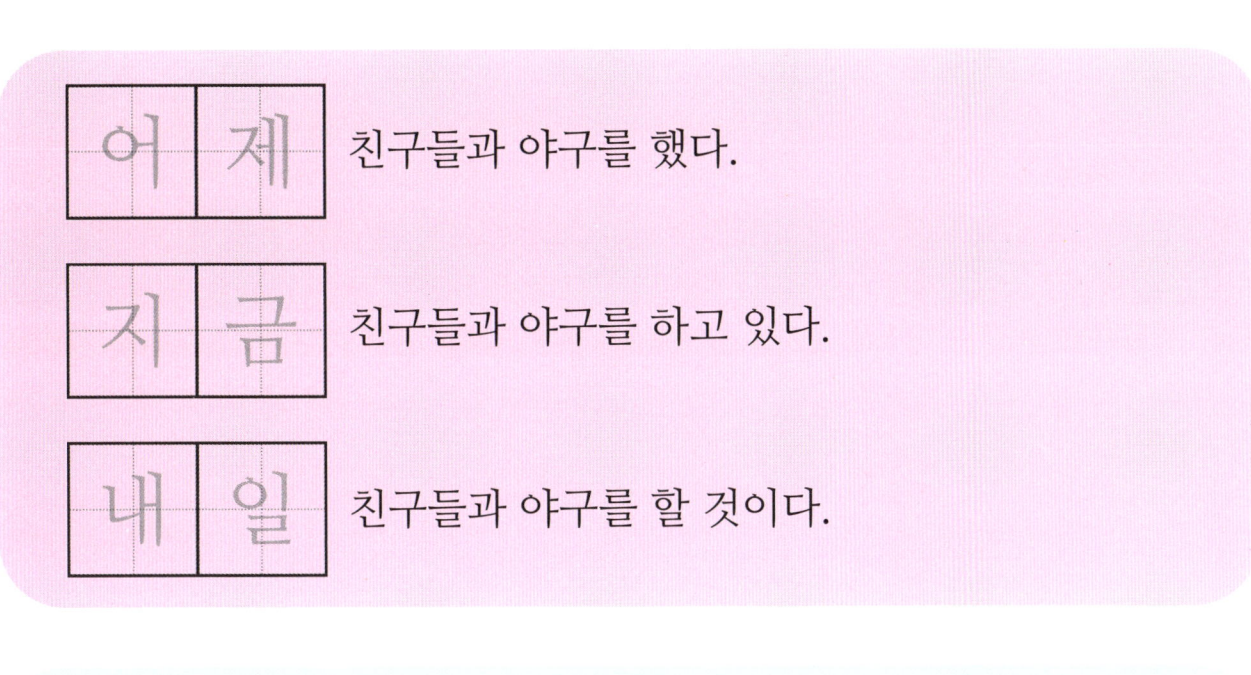

어제	친구들과 야구를 했다.
지금	친구들과 야구를 하고 있다.
내일	친구들과 야구를 할 것이다.

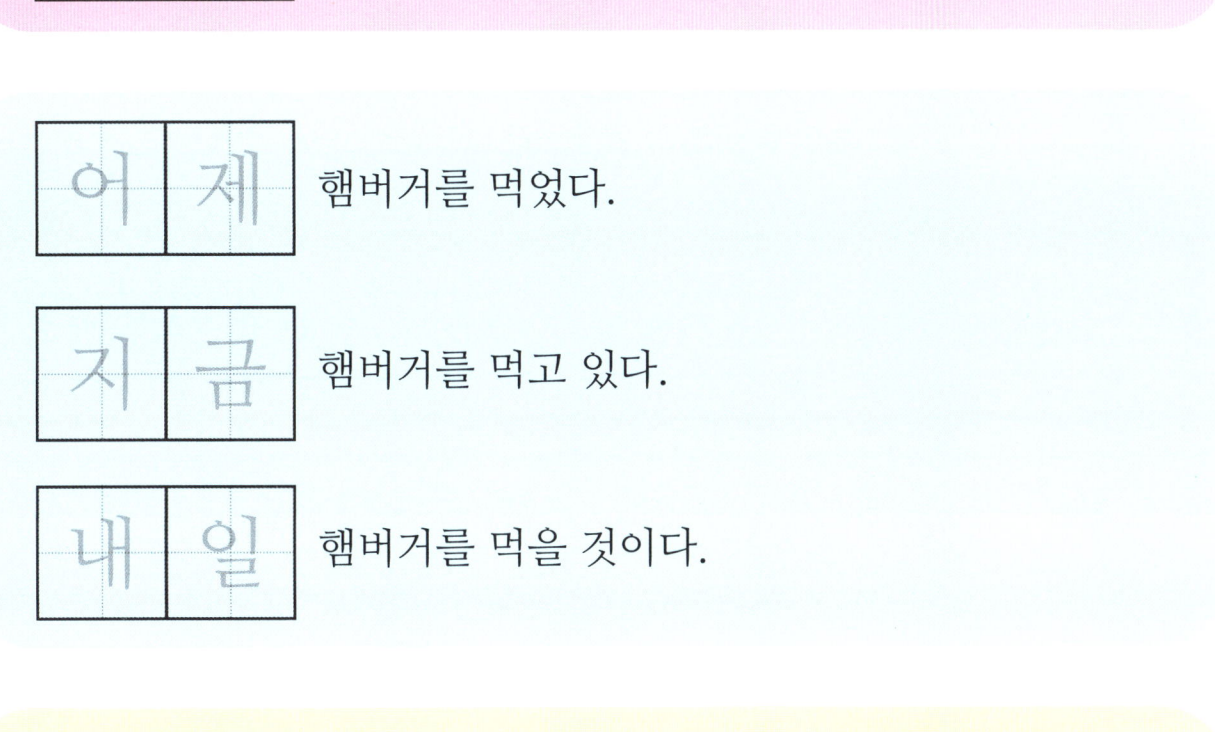

어제	햄버거를 먹었다.
지금	햄버거를 먹고 있다.
내일	햄버거를 먹을 것이다.

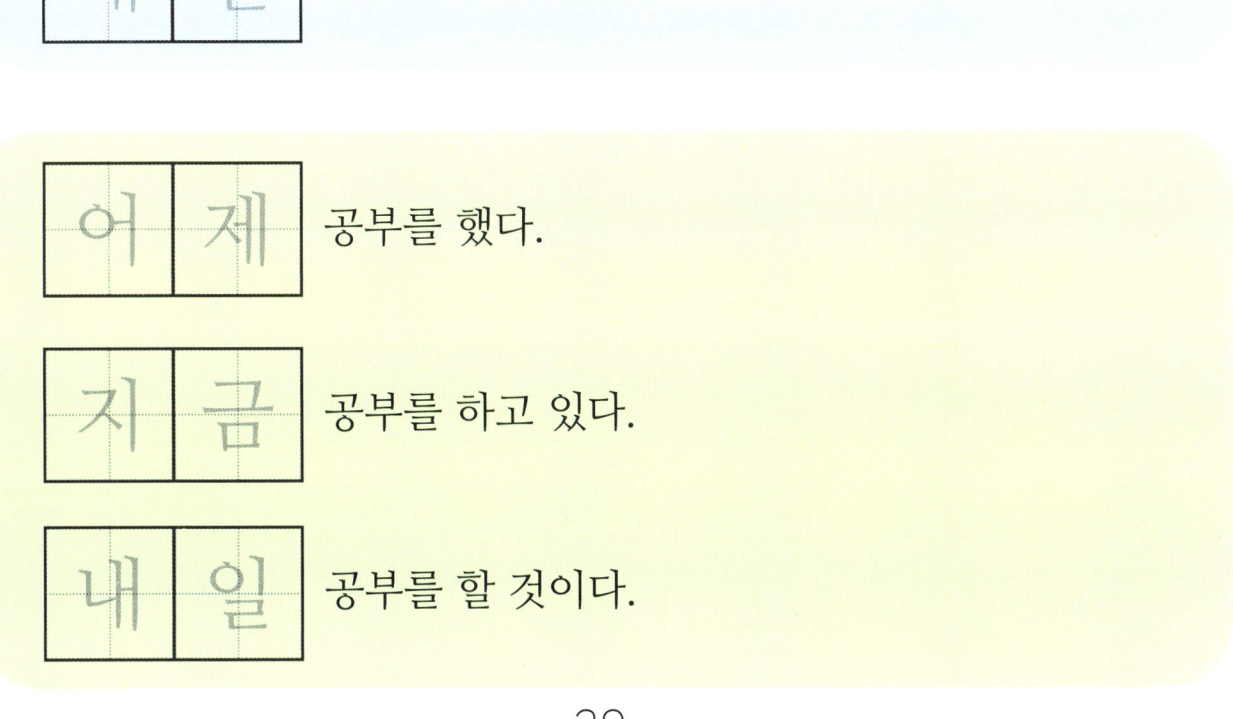

어제	공부를 했다.
지금	공부를 하고 있다.
내일	공부를 할 것이다.

3 그림을 보고 바르게 따라 써 보세요.

멀리 있는 강 이 보인다.

산 은 매우 가파르다.

바 다 가 잔잔하다.

하 늘 에는 구름 한 점 없다.

눈부신 태 양 이 타오르다.

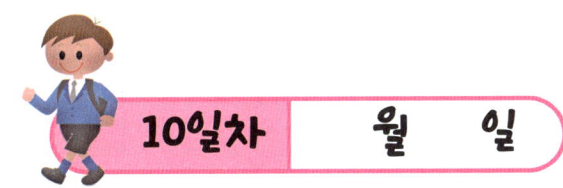 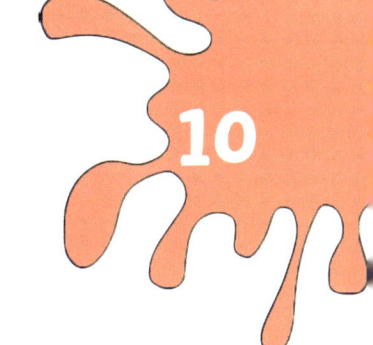

보기의 낱말을 순서가 바르게 되도록 써 보세요.

보기 : 먹었다. 동생과 과일을

보기 : 게임을 했다. 재미나는 친구들과

보기 : 온다. 비가 많이 장마철에는

보기 : 했더니 열심히 운동을 배가 고프다.

2 그림을 보고 바르게 따라 써 보세요.

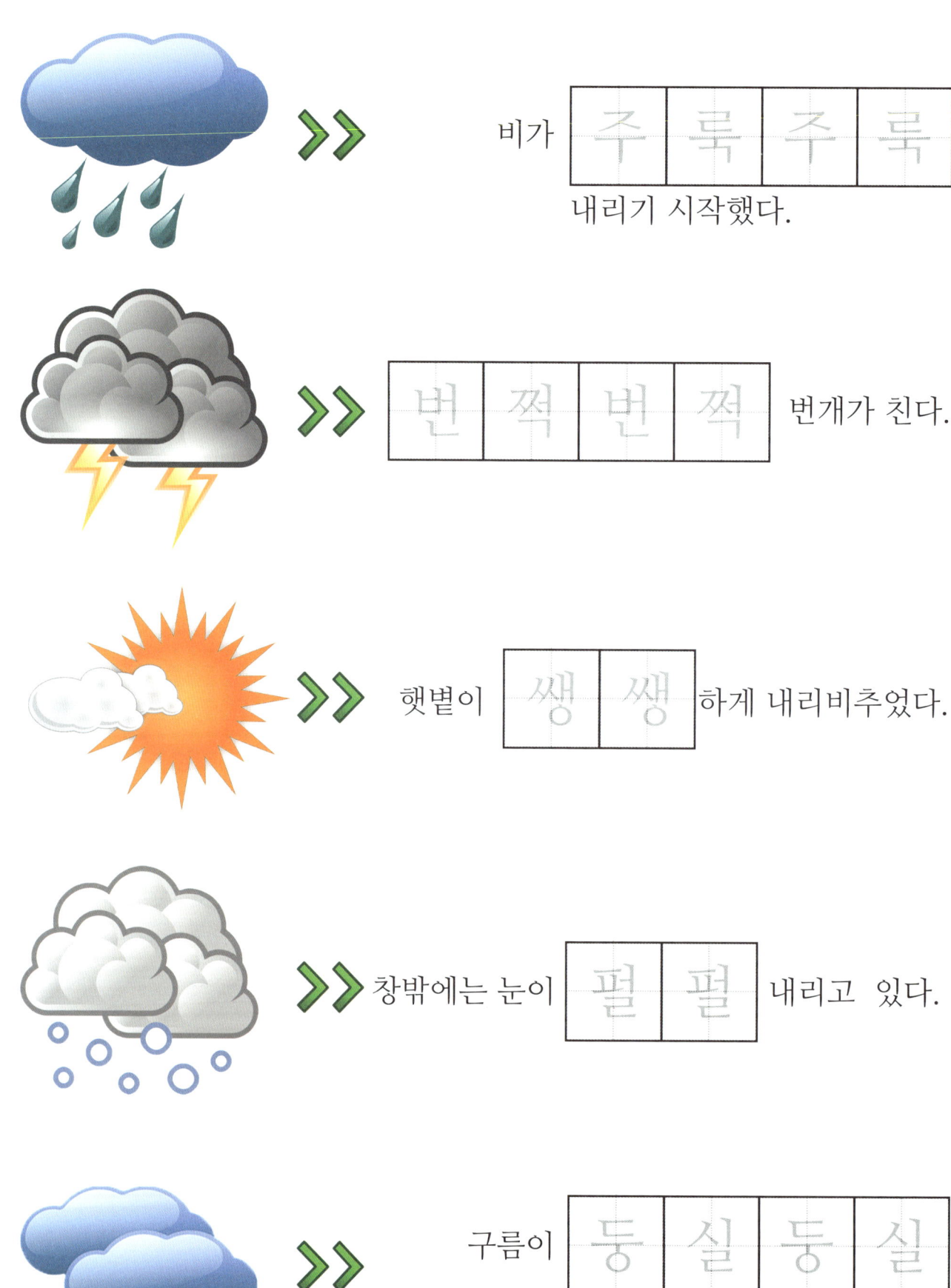

비가 주룩주룩 내리기 시작했다.

번쩍번쩍 번개가 친다.

햇볕이 쌩쌩하게 내리비추었다.

창밖에는 눈이 펄펄 내리고 있다.

구름이 둥실둥실 떠 있어요.

3 그림을 보고 바르게 따라 써 보세요.

아기가 | 아 | 장 | 아 | 장 | 걸어가요.

아기가 아장아장 걸어가요.

펭귄이 | 뒤 | 뚱 | 뒤 | 뚱 | 걸어가요.

토끼가 | 깡 | 충 | 깡 | 충 | 뛰어가요.

배가 | 주 | 렁 | 주 | 렁 | 열렸어요.

바람개비가 | 빙 | 글 | 빙 | 글 | 돌아가요.

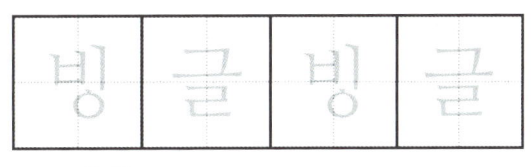

11일차 월 일

감각을 나타내는 낱말을 바르게 따라 써 보세요.

   눈을 통해 빛의 자극을 받아 들이는 감각

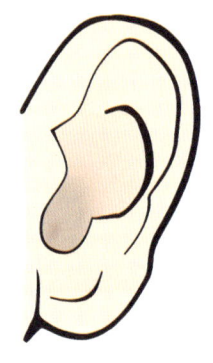  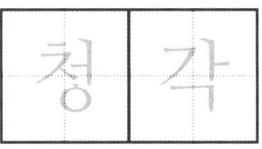 귀로 소리를 느끼는 감각

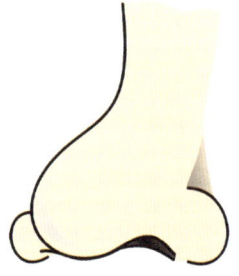  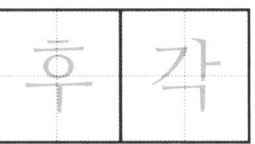 코를 냄새를 맡는 감각

 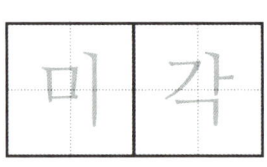 혀로 맛을 느끼는 감각

2 보기에서 알맞은 낱말을 찾아 문장을 만들고 따라 써 보세요.

보 기

많이   칭찬   신나게   정말

1. 집에서 불고기를 먹었는데 ☐☐ 맛있었어.

2. 미술 시간에 그림을 잘 그렸다고 ☐☐ 받았어.

3. 친구들과 놀이터에서 ☐☐☐ 놀았어.

4. 저녁에 피자를 너무 ☐☐ 먹었나 봐.

3 낱말이 합쳐진 말을 바르게 따라 써 보세요.

1. 아래위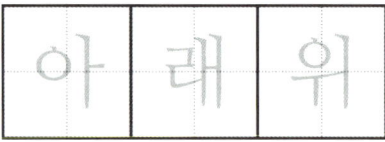

   → 나를 아래위로 훑어보았다.

2. 온데간데

   → 아무리 찾아봐도 온데간데없었다.

3. 종이봉투

   → 공책을 종이봉투에 넣다.

4. 닭싸움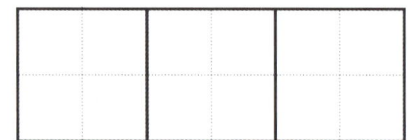

   → 아이들은 닭싸움을 하고 있었다.

형태가 비슷한 낱말을 바르게 따라 써 보세요.

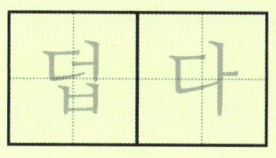 여름은 날씨가 매우 덥다.

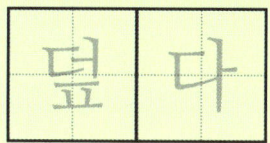 담요를 덮다.

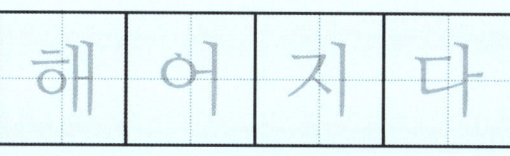 오래 입은 옷이 해어지다.

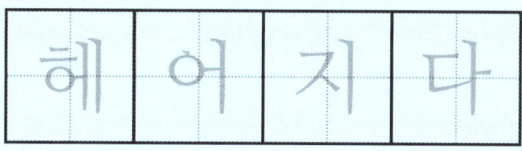 밤이 되어 친구와 헤어지다.

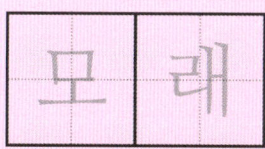 강가에는 깨끗한 모래가 깔려 있다.

 모레부터 방학이다.

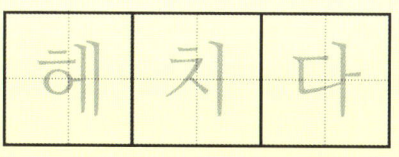 물살을 헤치다.

 건강을 해치다.

2 문장을 바르게 따라 써 보세요.

1. 감동적이다. → 이 책의 이야기는 가슴이 감동적이다.

	이	책의		이	야	기	는
너	무	나		감	동	적	이	다	.

2. 만족스럽다. → 결과가 매우 만족스럽다.

결	과	가		매	우		만	족
스	럽	다	.

3. 사랑스럽다. → 아기가 걷는 모습이 사랑스럽다.

	아	기	가		걷	는		모	습
이		사	랑	스	럽	다	.

4. 자랑스럽다. → 선수들의 모습이 자랑스럽다.

	선	수	들	의		모	습	이
자	랑	스	럽	다	.

3 그림을 보고 바르게 따라 써 보세요.

  거북이가 엉금엉금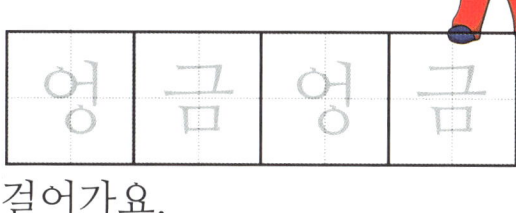
걸어가요.

  개구리가 폴짝폴짝
뛰어요.

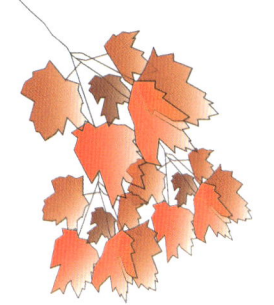  단풍이 울긋불긋
물들었어요.

  강아지가 살랑살랑
꼬리를 흔들어요.

  나비가 펄펄 날아간다.

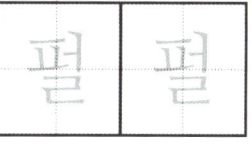

13일차   월   일

1. 보기에서 알맞은 낱말을 찾아 바르게 따라 써보세요.

보기

그러면   그래서   그리고   그러나

1. 9월이 되었다. ☐☐☐ 날씨는 여전히 더웠다.

2. 심부름 같이 가자. ☐☐☐ 내가 햄버거 사 줄게.

3. 어제는 많이 아팠어요. ☐☐☐ 학교에 결석했어요.

4. 친구는 숙제를 끝냈다. ☐☐☐ 방 청소를 시작했다.

 정답   1. 그러나   2. 그러면   3. 그래서   4. 그리고

2 공통으로 가지고 있는 받침의 낱말을 바르게 따라 써보세요.

낡다 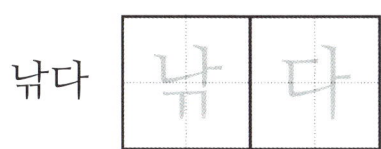 묶다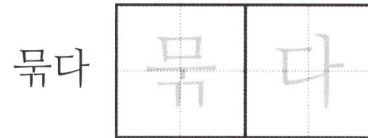

꺾다 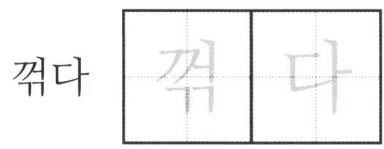 엮다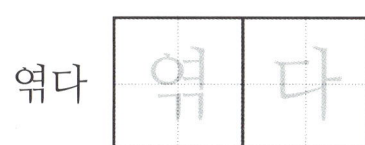

떡볶이 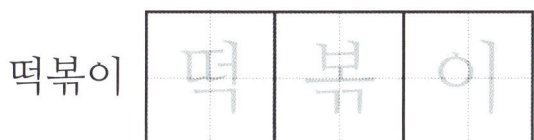 볶음밥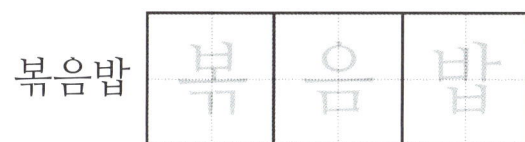

앉다 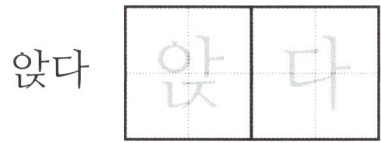 없다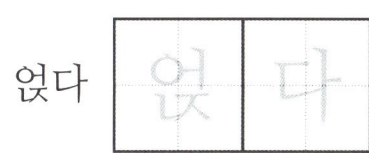

많다 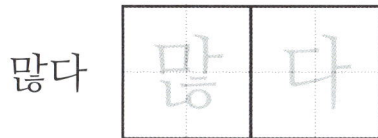 끊다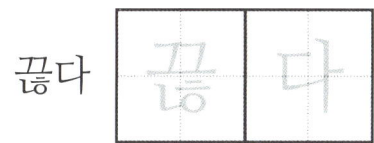

3 낱말을 바르게 따라 써 보세요.

까만

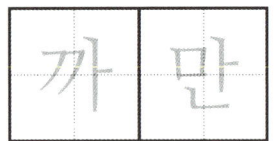

미끄럼틀

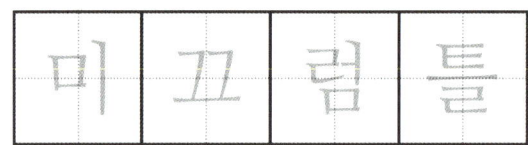

꿈

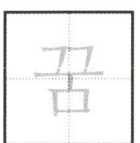

또래

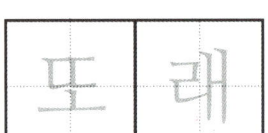

따갑다

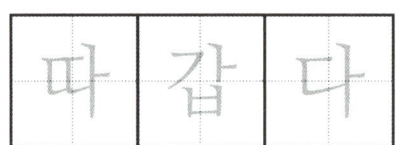

따뜻한

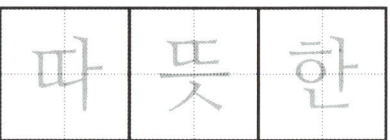

빠르다

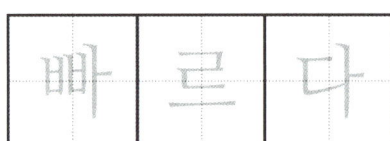

뺨

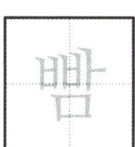

손뼉

코끼리

깃털

파랗다

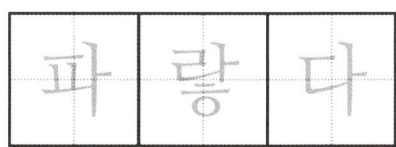

밖에서

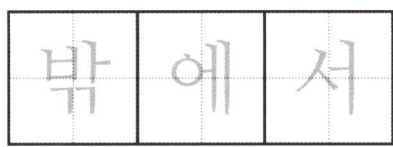

깎았다

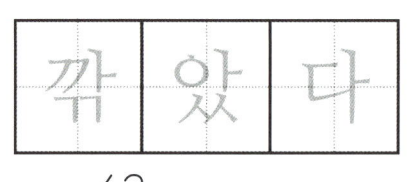

있다

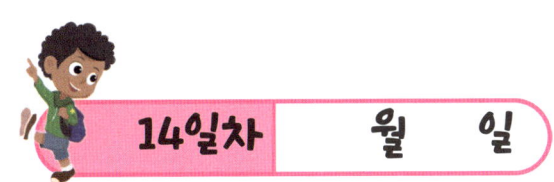 

보기에서 알맞은 낱말을 찾아 바르게 따라 써 보세요.

축구를   사진을   밥을   노래를

1. 엄마가 [　　　] 부릅니다.

2. 오빠가 [　　　] 합니다.

3. 동생이 [　　] 먹습니다.

4. 친구가 [　　　] 찍습니다.

 정답   1. 노래를   2. 축구를   3. 밥을   4. 사진을

2 보기에서 알맞은 낱말을 찾아 바르게 따라 써 보세요.

보기

신난다. 돌다. 깨끗해졌다. 싫다. 먹었다.

1. 맛있는 피자를 생각하니 입안 가득 군침이 ☐☐☐

2. 죽을 먹고 나서 약을 ☐☐☐☐

3. 겨울은 날씨가 너무 추워서 ☐☐☐

4. 청소를 하니 방이 ☐☐☐☐☐☐

5. 친구와 함께하는 식사는 늘 ☐☐☐☐

👉 정답 1. 돌다. 2. 먹었다. 3. 싫다. 4. 깨끗해졌다. 5. 신난다.

3 보기에서 알맞은 낱말을 찾아 바르게 따라 써 보세요.

빛   붙이다.   빚   부치다.   빗

1. 태양 [ ]이 강하여 눈이 부시다.

2. 세수를 하고 빗으로 머리를 곱게 [ ]다.

3. 친구는 매달 꾸준히 [ ]을 갚아 나갔다.

4. 맛있는 달걀을 [   ]

5. 메모지를 책상 위에 덕지덕지 [   ]

정답   1. 빛   2. 빗   3. 빚   4. 부치다.   5. 붙이다.

14일차 공부 끝!

촉감을 나타내는 낱말을 바르게 따라 써 보세요.

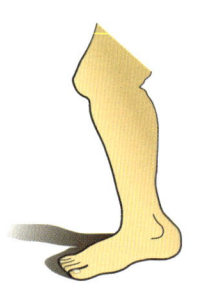  다리의 피부가

  선인장 가시에 찔린 손가락이
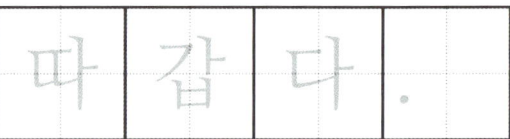

  머릿결이

부 드 럽 다 .

 손끝이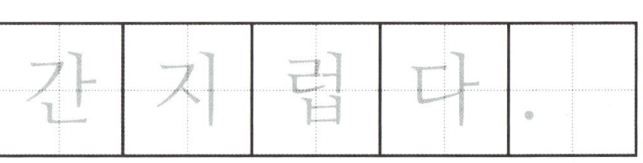

2. 뜻이 비슷한 낱말끼리 바르게 써 보세요.

1. 매콤하다   맵다

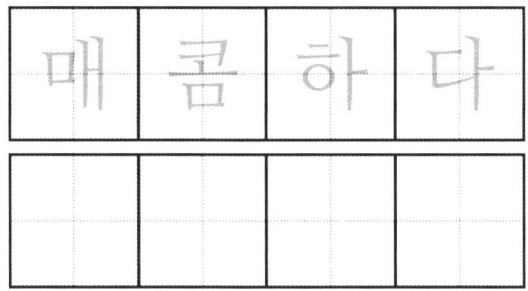 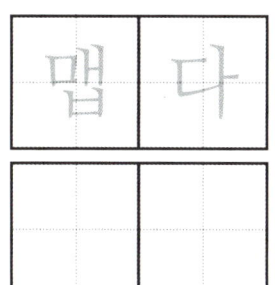

2. 달콤하다   달다

 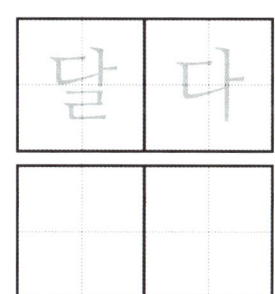

3. 후텁지근하다   무덥다

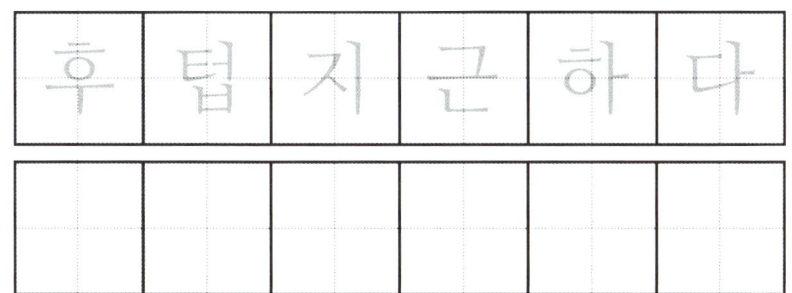

4. 보살피다   가꾸다

3 소리는 같지만 의미가 다른 낱말을 바르게 따라 써 보세요.

1. 눈

   >> 친구는 □ 이 나빠 안경을 쓴다.
   >> □ 이 덮인 겨울 산이 하얗다.

2. 말

   >> 형은 가끔 □ 을 더듬는다.
   >> □ 엉덩이에 채찍질 하였다.

3. 배

   >> 태풍 때문에 □ 가 뜨지 못했다.
   >> 보기만 해도 □ 가 부르다.
   >> 과일 중에서 □ 를 제일 좋아한다.

16일차 월   일

소리는 같지만 뜻이 다른 낱말을 바르게 따라 써 보세요.

1. 초인종 소리가 나서 잠에서 깨다.

2. 내가 아끼는 컵을 깨다.

3. 녹차를 컵에 따르다.

4. 아버지의 말씀에 따르다.

5. 시험 답안지에 답을 적다.

6. 용돈이 너무 적다.

2 뜻이 서로 반대되는 낱말을 바르게 따라 써 보세요.

1. 우리 학교 운동장은 꽤 크다.

   발이 커서 신발이 작다.

2. 동네 입구에 넓은 길이 뚫렸다.

   좁은 방안에 다섯 명이 모였다.

3. 이 참외는 껍질이 너무 두껍다.

   책 두께가 얇다.

3 초록색으로 쓰인 낱말을 바르게 고쳐 따라 써 보세요.

1. 저녁을 먹기 전에 손을 씨서요.

	저	녁	을		먹	기		전	에
손	을		씻	어	요	.			

2. 나는 운동한 후 음뇨수를 먹어요.

| | 나 | 는 | | 운 | 동 | 한 | | 후 | |
| 음 | 료 | 수 | 를 | | 먹 | 어 | 요 | . | |

3. 오늘 저녁 여덜 시에 만나자.

| | 오 | 늘 | | 저 | 녁 | | 여 | 덟 | |
| 시 | 에 | | 만 | 나 | 자 | . | | | |

4. 자전거 페달을 힘차게 발다.

| | 자 | 전 | 거 | | 페 | 달 | 을 | | 힘 |
| 차 | 게 | | 밟 | 다 | . | | | | |

17일차   월   일

문장을 바르게 따라 써 보세요.

1. 정말 → 엄마와의 약속은 정말 지켜야 한다.

	엄	마	와	의		약	속	은	
정	말		지	켜	야		한	다	.

2. 엄청 → 극장에 사람들이 엄청 많다.

	극	장	에		사	람	들	이	
엄	청		많	다	.				

3. 멀찍이 → 친구와 멀찍이 떨어져 앉았다.

	친	구	와		멀	찍	이		떨
어	져		앉	았	다	.			

4. 드디어 → 기다리던 택배가 드디어 도착했다.

	기	다	리	던		택	배	가	
드	디	어		도	착	했	다	.	

2. 문장을 바르게 따라 써 보세요.

1. 풀이 죽다 → 어머니의 야단에 동생은 그만 풀이 죽었다.

	어	머	니	의		야	단	에	
동	생	은		그	만		풀	이	
죽	었	다	.						

2. 고개를 내밀다 → 봄이 되어 어느새 파란 싹이 고개를 내밀었다.

	봄	이		되	어		어	느	새
파	란			싹	이		고	개	를
내	밀	었	다	.					

3. 무릎을 치다 → 한참 고민하더니 좋은 생각이 떠오른 듯 무릎을 쳤다.

	한	참		고	민	하	더	니	
좋	은			생	각	이		떠	오	룻
무	릎	을		쳤	다	.			

3 비슷한 뜻을 지닌 낱말을 바르게 따라 써 보세요.

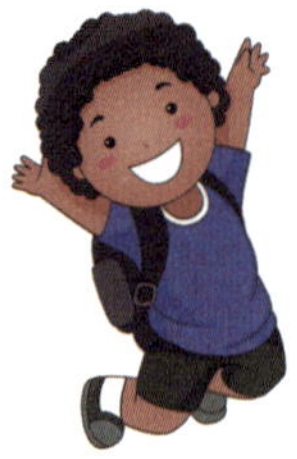

1. 가끔 　산책을 하면 □□ 은 아는 사람을 만나게 된다.

　이따금 　심심할 때면 □□□ 공원에 간다.

　때때로 　강아지에게 □□□ 간식 주는 것이 좋다.

2. 자주 　장마철이라 비가 □□ 내린다.

　빈번히 　고속도로에는 사고가 □□□ 일어난다.

3. 언제나 　동생의 웃는 모습은 □□□ 보기가 좋다.

　항상 　언니의 방은 □□ 정돈되어 있어 깨끗하다.

　내내 　오전 □□ 영어 공부를 했다.

17일차
공부 끝!

18일차 월 일

빈칸에 들어갈 알맞은 낱말을 바르게 따라 서보세요.

1. 집다 → 젓가락으로 반찬을 ☐☐ .

2. 짚다 → 지팡이를 ☐☐ .

3. 짖다 → 건너편 집에서 개가 ☐☐ .

4. 짓다 → 작은 언덕 위에 집을 ☐☐ .

5. 맡다 → 학교 도서관에 자리를 ☐☐ .

6. 맞다 → 병원에서 예방 주사를 ☐☐ .

2. 받침이 어려운 낱말을 바르게 따라 써 보세요.

1. **잃어버리다.**

   학교에서 돈을 잃어버리다.

2. **알아맞히다.**

   하늘을 보고 날씨를 알아맞히다.

3. **끊임없이**

   오늘은 아침부터 끊임없이 비가 내리고 있다.

4. **귀찮았다.**

   나는 너무 피곤해서 밥 먹는 것도 귀찮았다.

5. **괜찮아.**

   날씨가 더운데 이 음식 먹어도 괜찮아.

3 낱말의 뜻을 생각하며 바르게 따라 써 보세요.

1. 다르다.
   - 형과 나는 성격과 취향도 다르다.
   - 서로 성격이
   - 아버지와 얼굴이

2. 틀리다.
   - 계산이 틀리다.
   - 시험 정답이
   - 맞춤법이

3. 느리다.
   - 행동이 느리다.
   - 박자가
   - 노래가

4. 늘리다.
   - 쉬는 시간을 늘리다.
   - 공부 시간을 30분
   - 건강을 위해 음식량을

19일차 월 일

보기에서 알맞은 낱말을 찾아 바르게 따라 써 보세요.

공원에서 침대에서 학교에서 식당에서 하늘에서

1. 자명종 소리에 [　　　　] 벌떡 일어났다.

2. 하루 종일 [　　　　] 산책했다.

3. 오전에 [　　　　] 흰 눈이 내렸다.

4. 우리 집은 [　　　　] 너무 멀다.

5. 학교 [　　　　] 맛있는 반찬이 나왔다.

정답 1.침대에서 2.공원에서 3.하늘에서 4.학교에서 5.식당에서

2 그림을 보고 알맞은 낱말을 써 넣어 문장을 완성해 보세요.

 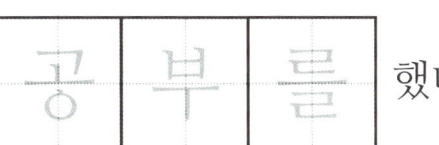

나는 열심히 공부를 했다.

나는 친구들과 축구를 했다.

가족과 함께 점심 식사를 같이 했다.

나는 놀이터에서 그네를 탔다.

 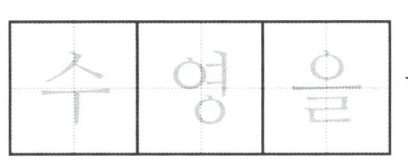

나는 수영장에서 수영을 했다.

3 문장에 알맞은 낱말을 바르게 따라 써 보세요.

1. 자세히

→ 친구는 나에게 학교 가는 길을 　자 세 히　 알려 주었다.

2. 단정히

→ 옷을 　단 정 히　 차려입고 학교에 갔다.

3. 깨끗이

→ 책상 위를 　깨 끗 이　 치웠다.

4. 꾸준히

→ 건강을 위해 운동을 　꾸 준 히　 하다.

5. 편안히

→ 엄마는 침대 위에 　편 안 히　 누워 있었다.

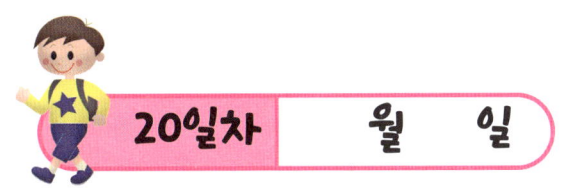 

낱말을 바르게 따라 써 보세요.

1. 집 안 일을 | 한 | 커 | 번 | 에 했다.

→ 집 안 일을 | 한 | 꺼 | 번 | 에 했다.

2. 학교에서 벌을 | 밪 | 다 | .

→ 학교에서 벌을 | 받 | 다 | .

3. 엄마 올 때까지 | 얌 | 저 | 니 | 기다리고 있다.

→ 엄마 올 때까지 | 얌 | 전 | 히 | 기다리고 있다.

4. 화살표대로 따라갔더니 출구가 | 낳 | 다 | 났 | 다 | .

→ 화살표대로 따라갔더니 출구가 | 나 | 타 | 났 | 다 | .

2. 뜻에 알맞은 낱말을 빈칸에 바르게 따라 써 보세요.

1. 평화

→ 인류의  를 지키다.

2. 은혜

→ 부모님의  를 평생 잊을 수 없을 것이다.

3. 쏟아지다

→ 컵 안의 물이 바닥에

4. 그치다

→ 동생이 눈물을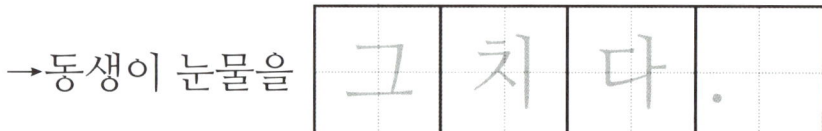

5. 부리나케

→ 형은 학교에 늦을까 봐 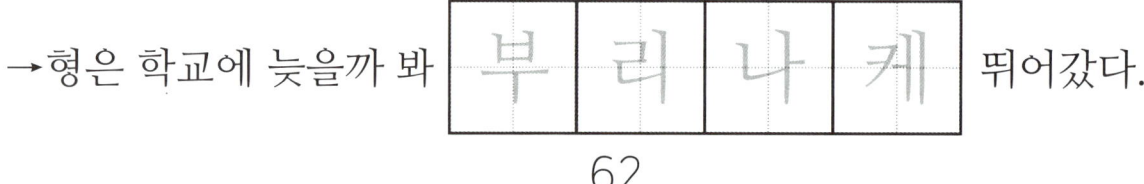 뛰어갔다.

3 헷갈리는 낱말을 바르게 따라 써 보세요.

◎ 낳다

1. 닭이 알을 낳다.

| | 닭 | 이 | | 알 | 을 | | 낳 | 다 | . | |

2. 아이를 낳다.

| | 아 | 이 | 를 | | 낳 | 다 | . | | | |

◎ 낫다

1. 실물이 낫다.

| | 실 | 물 | 이 | | 낫 | 다 | . | | | |

2. 감기가 낫다.

| | 감 | 기 | 가 | | 낫 | 다 | . | | | |

문장을 바르게 따라 써 보세요.

★ 가리키다.
　뜻 : 손가락 따위로 방향이나 대상을 집어서 보이거나 말한다는 뜻입니다.

→ 손가락으로 오른쪽을 가리키며 학원 위치를 알려 주었다.

	손	가	락	으	로		오	른	쪽
을		가	리	키	며		학	원	
위	치	를		알	려		주	었	다

★ 가르치다.
　뜻 : 모르는 것을 깨닫게 하거나 익히게 한다는 뜻입니다.

→ 원어민 선생님이 영어를 가르치다.

| | 원 | 어 | 민 | | 선 | 생 | 님 | 이 | |
| 영 | 어 | 를 | | 가 | 르 | 치 | 다 | . | |

2 바르게 쓴 것을 찾아 따라 써 보세요.

1. 별일 없으면 (도와줄게) (도와줄께).

2. 나 간식 먹고 (올게) (올께).

3. 이번엔 내가 먼저 (할게요) (할께요).

4. 남은 과자는 내가 갖고 (갈게) (갈께).

5. 내가 아이스크림 사 (줄게) (줄께).

정답   1. 도와줄게   2. 올게   3. 할게요   4. 갈게   5. 줄게

3 문장을 바르게 따라 써 보세요.

1. 나중에 먹으려고 밥솥에 밥을 담아 두었다.

	나	중	에		먹	으	려	고	
밥	솥	에		밥	을		담	아	
두	었	다	.						

2. 그 많은 것을 지금 다 먹으려고?

	그		많	은		것	을		지
금		다		먹	으	려	고	?	

3. 강아지는 식탁 위의 음식을 먹으려고 낑낑 거렸다.

	강	아	지	는		식	탁		위
의		음	식	을		먹	으	려	고
낑	낑		거	렸	다	.			

22일차

띄어쓰기에 따라 뜻이 달라지는 문장을 따라 써 보세요.

한번 어떤 일을 시험 삼아 해 본다는 뜻입니다.

1) 우리 집에 한번 놀러와.

| | 우 | 리 | | 집 | 에 | | 한 | 번 | |
| 놀 | 러 | 와 | . | | | | | | |

2) 그 축구공 얼마인지 한번 물어봐.

| | 그 | | 축 | 구 | 공 | | 얼 | 마 | 인 |
| 지 | | 한 | 번 | | 물 | 어 | 봐 | . | |

한 번 차례나 일의 횟수가 한 번인 경우 쓰입니다.

1) 나는 하루에 한 번씩 기도를 한다.

| | 나 | 는 | | 하 | 루 | 에 | | 한 | |
| 번 | 씩 | | 기 | 도 | 를 | | 한 | 다 | . |

2) 나는 매주 한 번씩 산책을 한다.

| | 나 | 는 | | 매 | 주 | | 한 | | 번 |
| 씩 | | 산 | 책 | 을 | | 한 | 다 | . | |

2 헷갈리는 말을 바르게 따라 써 보세요.

◎ 다르다

1. 성격이 다르다.

| | 성 | 격 | 이 | | 다 | 르 | 다 | . | |

2. 입맛이 다르다.

| | 입 | 맛 | 이 | | 다 | 르 | 다 | . | |

◎ 틀리다

1. 맞춤법이 틀리다.

| | 맞 | 춤 | 법 | 이 | | 틀 | 리 | 다 | . |

2. 정답이 틀리다.

| | 정 | 답 | 이 | | 틀 | 리 | 다 | . | |

3. 소리는 같지만 뜻이 다른 낱말을 바르게 따라 써 보세요.

1. 차

할머니 집에서 오는 길에 　차　 가 고장이 났다.

엄마는 손님에게 대접할 　차　 를 내왔다.

2. 적다

시험 답안지에 답을 　적 다.

내가 다니는 초등학교는 남자가 많고 여자는 　적 다.

3. 바르다

무릎에 난 상처에 약을 　바 르 다.

친구는 예의가 　바 르 다.

1 문장에 바르게 따라 써 보세요.

깨끗이 (○) 깨끗히 (×)

	동	생	은		공	책		정	리
를		참		깨	끗	이		잘	
한	다	.							

	오	늘	은		책	상		위	를
깨	끗	이		정	리	했	다	.	

곰곰이 (○) 곰곰히 (×)

	언	니	는		방	에		틀	어
박	혀		뭔	가	를		곰	곰	이
생	각	하	고		있	다	.		

	사	건	을			곰	곰	이		따
져		보	아	야		한	다	.		

2 보기에서 어울리는 낱말을 찾아 바르게 따라 써 보세요.

1. 전화 ☐☐☐☐ 곧 집으로 가겠습니다.

   보 기   끊자마자.   끈차마자.

2. 나는 국어는 잘 하지만 수학에 ☐☐☐ .

   보 기   약하다.   야카다.

3. 그는 국수를 한 젓가락 ☐☐☐ 입에 넣었다.

   보 기   집어서   짚어서

4. 동해에서 보는 ☐☐☐ 는 정말로 장관이다.

   보 기   해도지   해돋이

3. 문장을 바르게 따라 써 보세요.

1. 친구 중에는 물건을 훔칠 만한 사람이 없다.

	친구		중에는		물건
을		훔칠	만한		사람
이		없다.			

2. 가을 하늘에 구름 한 점 없다.

	가을		하늘에		구름
한		점	없다.		

3. 동생이 밥을 먹다가 국그릇을 엎어서 쏟아졌다.

	동생이		밥을		먹다
가		국그릇을		엎어	서
쏟아졌다.					

4. 접시를 씻어 선반 위에 엎어 놓다.

	접시를		씻어		위에
엎어		놓다.			

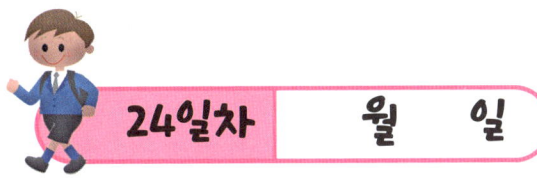

헷갈리는 낱말을 바르게 따라 써 보세요.

◎ 닫히다

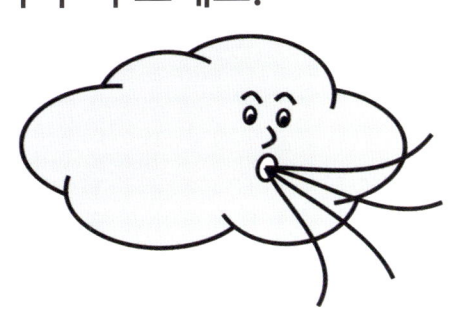

1. 바람에 문이 닫히다.

| | 바 | 람 | 에 | | 문 | 이 | | 닫 | 히 |
| 다 | . | | | | | | | | |

2. 창문이 닫히다.

| | 창 | 문 | 이 | | 닫 | 히 | 다 | . | |

◎ 다치다

1. 다리를 다치다.

| | 다 | 리 | 를 | | 다 | 치 | 다 | . | |

2. 무릎을 다치다.

| | 무 | 릎 | 을 | | 다 | 치 | 다 | . | |

2 문장에서 바른 표기를 찾아 바르게 써 보세요.

1. 학교에 (가려고 | 갈려고) 일찍 일어났다.

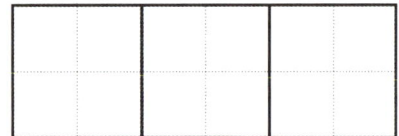

2. 빵을 (살려고 | 사려고) 편의점에 갔다.

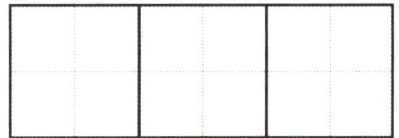

3. 책을 (읽을려고 | 읽으려고) 서점에 갔다.

정답 1. 가려고   2. 사려고   3. 읽으려고

3. 낱말의 뜻을 알아보고 바르게 따라 써 보세요.

1. 이것 — 말하는 이에게 가까이 있거나 말하는 이가 생각하고 있는 사물을 가리키는 말

	이	것	은		어	떻	게		사
용	하	나	요	?					

2. 저것 — 말하는 이나 듣는 이로부터 멀리 있는 사물을 가리키는 말

	저	것	을		집	으	로		갖
고		갈		수		있	어	?	

3. 그것 — 듣는 이에게 가까이 있거나 듣는 이가 생각하고 있는 사물을 가리키는 말

	그	것	은		제		가	방	이
아	닙	니	다	.					

4. 무엇 — 모르는 사실이나 사물을 가리키는 말

	저		음	식	의		이	름	이
무	엇	입	니	까	?				

낱말의 뜻을 알아보고 바르게 따라 써 보세요.

● 있다가 (어느 곳에 머물다가)

	오	전		내	내		집	에	
	있	다	가		친	구	의		전	화
를		받	고		외	출	했	다	.

| | 조 | 금 | | 있 | 다 | 가 | | 학 | 원 |
| 으 | 로 | | 갈 | | 거 | 야 | . | | |

● 이따가 (조금 지난 뒤에)

	냉	장	고		속	에		과	일
을		넣	었	으	니		이	따	가
먹	어	라	.

| | 저 | 는 | | 이 | 따 | 가 | | 저 | 녁 |
| 약 | 속 | 이 | | 있 | 어 | 요 | . |

2 빈칸에 들어갈 낱말을 보기에서 찾아 써 보세요.

보기

보고 싶다   물끄러미   먹다   신나게   건너며

1. 조리한 음식을 그릇에 담아 ☐☐.

2. 나는 프랑스에 가서 에펠탑을 ☐☐☐☐☐.

3. 동생은 새 운동화를 신고 ☐☐☐ 축구를 했다.

4. 친구는 다리 위에서 ☐☐☐☐ 하늘을 보고 있다.

5. 횡단보도를 ☐☐☐ 전후좌우를 둘러보다.

 정답 1. 먹다 2. 보고 싶다. 3. 신나게 4. 물끄러미 5. 건너며

77

3. 맞춤법에 맞지 않는 낱말을 바르게 따라 써 보세요.

1. 동생은 과자를 입 안에 넣더니 금새 먹어 치웠다.

	동	생	은		과	자	를		입
안	에		넣	더	니		금	세	
먹	어		치	웠	다	.			

2. 시험을 앞두고 도서관에서 열심이 공부했다.

	시	험	을		앞	두	고		도
서	관	에	서		열	심	히		공
부	했	다	.						

3. 나는 새벽녘에 비소리 때문에 잠에서 깼다.

	나	는		새	벽	녘	에		빗
소	리		때	문	에		잠	에	서
깼	다	.							

정답   1. 금세   2. 열심히   3. 빗소리

관용어를 바르게 따라 써 보세요.

◎ 어깨가 무겁다.

| 무 | 거 | 운 | | 책 | 임 | 을 | | 져 | |
| 마 | 음 | 이 | | 편 | 치 | | 않 | 다 | . |

◎ 쪽박을 차다.

| 살 | 림 | 이 | | 거 | 덜 | 이 | | 나 | 서 |
| 거 | 지 | 가 | | 되 | 다 | . | | | |

◎ 줄행랑을 치다.

| 매 | 우 | | 급 | 하 | 게 | | 피 | 해 | 서 |
| 달 | 아 | 나 | 다 | . | | | | | |

◇ 관용어 - 둘 이상의 낱말로 이루어져 있으면서 본래의 뜻과 다른 뜻을 지니게 된 표현

2 속담을 보고 바르게 따라 써 보세요.

● 믿는 도끼에 발등 찍힌다.

	믿	고		있	던		사	람	이
배	신	하	여		오	히	려		해
를		당	한	다	.				

● 가재는 게 편

	서	로		비	슷	하	고		인
연	이		있	는		것	끼	리	
편	을		들	어	주	다	.		

● 달걀로 바위 치기

	대	항	해	도		도	저	히	
이	길		수		없	는		경	우
를		비	유	한		말	이	다	.

3 낱말을 바르게 따라 써 보세요.

깎다 (○)   깍다 (×)

1. 쟁반에 있는 사과를 깎다.

2. 이발소에서 머리를 깎다.

무늬 (○)   무니 (×)

1. 접시의 무늬 가 참 예쁘다.

2. 벽지의 무늬 가 독특하다.

설거지 (○)   설겆이 (×)

1. 그릇을 설거지 하다.

2. 동생이 설거지 한다.

26일차 공부 끝!

27일차 　월　　일

문장에 맞게 띄어쓰기를 하면서 바르게 따라 써 보세요.

1. 칭찬을들으니기분이매우좋았다.

2. 어제와다르게오늘은날씨가몹시추워요.

3. 칭찬을들으니기분이매우좋았다.

정답
1. 칭찬을 들으니 기분이 매우 좋았다.
2. 어제와 다르게 오늘은 날씨가 몹시 추워요.
3. 내 간식의 양이 너무 적다.

2 문장의 알맞은 글자를 찾아 바르게 따라 써 보세요.

1. 학교 운동장 [에게/에서] 축구를 했다.

2. 강아지 [에게/에서] 밥을 주었다.

3. 나는 동생 [에게/에서] 장난감을 주었다.

4. 하늘 [에게/에서] 새떼가 날고 있다.

3 헷갈리는 낱말을 바르게 따라 써 보세요.

◎ 작다

1. 그릇이 작다.

| | 그 | 릇 | 이 | | 작 | 다 | . | | |

2. 운동장이 작다.

| | 운 | 동 | 장 | 이 | | 작 | 다 | . | |

◎ 적다

1. 먹는 양이 적다.

| | 먹 | 는 | | 양 | 이 | | 적 | 다 | . |

2. 피해가 적다.

| | 피 | 해 | 가 | | 적 | 다 | . | | |

틀린 낱말을 바르게 고쳐 따라 써 보세요.

1. 친구들이 은밀히 (속닥였다).

2. 사람들이 뿔뿔이 (흩어졌다).

3. 수박을 먹고 수박씨를 (뱉다).

4. 전화를 (끝자마자) 또 전화가 왔다.

 정답 1. 속삭였다. 2. 흩어졌다. 3. 뱉다. 4. 끊자마자

2 문장에 맞게 띄어쓰기를 하면서 바르게 따라 써 보세요.

1. 사과는우리나라에서아주많이기르는과일입니다.

2. 눈깜짝할사이에하늘이밝아졌다가어두워졌다.

3. 친구와의약속을깜빡잊어버렸다.

정답
1. 사과는 우리나라에서 아주 많이 기르는 과일입니다.
2. 눈 깜짝할 사이에 하늘이 밝아졌다가 어두워졌다.
3. 친구와의 약속을 깜빡 잊어버렸다.

3 다음 중 띄어쓰기가 올바른 것을 찾아 따라 써 보세요.

1. 가) 혼자 할 거예요.   나) 혼자 할거예요.

2. 가) 비가 온다고 했다.   나) 비가온다고 했다.

3. 가) 생일이 너무기뻤다.   나) 생일이 너무 기뻤다.

4. 가) 너 밖에 없다.   나) 너밖에 없다.

5. 가) 떼부리면 못써   나) 떼 부리면 못 써

정답   1. 나) 혼자 할거예요.   2. 가) 비가 온다고 했다.
3. 나) 생일이 너무 기뻤다.   4. 나) 너밖에 없다.
5. 나) 떼 부리면 못 써

1 낱말을 바르게 따라 써 보세요.

핑계 (○)   핑게 (×)

동생은 | 핑 | 계 | 를 대고 답을 하지 않았다.

창피 (○)   챙피 (×)

나는 갑자기 | 창 | 피 | 하다는 생각이 들었다.

나뭇잎 (○)   나무잎 (×)

학교 운동장에 | 나 | 뭇 | 잎 | 이 떨어지다.

2 문장에 맞게 띄어쓰기를 하면서 바르게 따라 써 보세요.

1. 온가족이모여저녁을먹었다.

2. 학교에서부터집까지걸어갔다.

3. 내친구들은과자를자주먹고싶어한다.

정답
1. 온 가족이 모여 저녁을 먹었다.
2. 학교에서부터 집까지 걸어갔다.
3. 내 친구들은 과자를 자주 먹고 싶어 한다.

3 ( ) 안의 낱말을 바르게 고쳐 따라 써 보세요.

1. (마신는) 음식이 많다. → ☐☐☐ 음식이 많다.

2. (창바께) 비가 내린다. → ☐☐☐ 비가 내린다.

3. (행보카게) 살고 있다. → ☐☐☐☐ 살고 있다.

4. (마침네) 지루한 수업이 끝났다.
   → ☐☐☐ 지루한 장마가 마침내 끝났다.

5. 음식의 맛이 (굼굼하다).
   → 음식의 맛이 ☐☐☐☐.

정답 1. 맛있는 2. 창밖에 3. 행복하게 4. 마침내 5. 궁금하다

29일차 공부 끝!

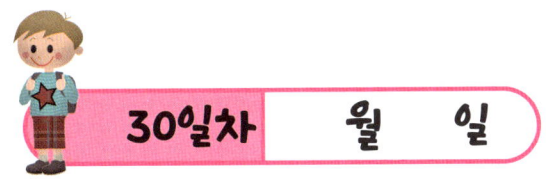 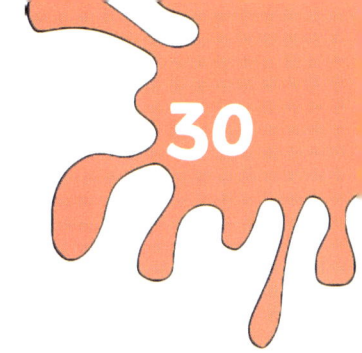

30일차 월 일

| 속담을 바르게 따라 써 보세요.

	밑		빠	진		독	에		물
붓	기								

뜻 → 아무리 힘이나 노력을 들여도 보람이 없다.

	벼		이	삭	은		익	을	수
록			고	개	를		숙	인	다

뜻 → 교양이 있고 지식을 쌓은 사람일수록 겸손하고 남 앞에서 자기를 내세우지 않는다.

	호	랑	이	도			제		말
하	면		온	다					

뜻 → 다른 사람에 대해 이야기를 하는데 그 사람이 나타나는 경우를 이르는 말

	하	늘	이			무	너	져	도
솟	아	날			구	멍	이		있 다

뜻 → 아무리 어렵고 힘들어도 살아 나갈 방법이 있다.

2 낱말의 뜻을 생각하며 문장을 바르게 따라 써 보세요.

◇ 로서

| | 그것은 | | 친구로서 | |
| 할 | | 일이 | 아니다. | |

◇ 로써

| 오늘로써 | | 그 | | 작업 |
| 을 | 끝내고야 | | 말았다. |

◇ 대로

| | 될 | 수 | 있는 | 대로 |
| 빨리 | | 출발하자. | | |

◇ 데로

| | 친구는 | | 화가 | 나서 |
| 다른 | | 데로 | | 갔다. |

3 관용어를 바르게 따라 써 보세요.

● 발목을 잡다.

| | 발 | 목 | 을 | | 잡 | 다 | . | | |

뜻 → 어떤 일에 잡혀 벗어나지 못하게 하다.

● 기가 막히다.

| | 기 | 가 | | 막 | 히 | 다 | . | | |

뜻 → 너무 뜻밖이라 어이가 없어 말이 나오지 않다.

● 입이 딱 벌어지다.

| | 입 | 이 | | 딱 | | 벌 | 어 | 지 | 다 | . |

뜻 → 매우 크게 놀라거나 좋아하다.

● 발 벗고 나서다.

| | 발 | | 벗 | 고 | | 나 | 서 | 다 | . |

뜻 → 적극적으로 도와주고 나서다.

30일차 공부 끝!

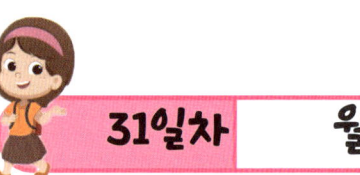

31일차 월 일

문장을 바르게 따라 써 보세요.

1. 햇빛에 눈이 부셔 몹시 얼굴을 찡그리다.

	햇	빛	에		눈	이		부	셔
	몹	시		얼	굴	을		찡	그	리
	다	.								

2. 너희들끼리만 놀지 말고 내 친구도 좀 붙여 줘라.

	너	희	들	끼	리	만		놀	지
	말	고		내		친	구	도		좀
	붙	여		주	라	.				

3. 쥐는 사과를 조금씩 갉아먹었다.

| | 쥐 | 는 | | 사 | 과 | 를 | | 조 | 금 |
| | 씩 | | 갉 | 아 | 먹 | 었 | 다 | . | | |

4. 동네 한 바퀴 둘러보다.

| | 동 | 네 | | 한 | | 바 | 퀴 | | 둘 |
| | 러 | 보 | 다 | . | | | | | | |

2 낱말을 바르게 따라 써 보세요.

어젯밤 (○)   어제밤 (×)

1. | 어 | 젯 | 밤 | 에는 잠이 안 와서 밤을 새웠다.

2. | 어 | 젯 | 밤 | 부터 많은 눈이 내리고 있습니다.

가벼이 (○)   가벼히 (×)

1. 그 일을 | 가 | 벼 | 이 | 여겨서는 안 된다.

2. 숙제를 끝내서 마음이 | 가 | 벼 | 이 | 느껴진다.

열심히 (○)   열심이 (×)

1. 밝은 미래를 위해 | 열 | 심 | 히 | 공부하자.

2. | 열 | 심 | 히 | 들을 밟으며 걸어갔다.

3 다음 문장의 띄어쓰기가 맞는 곳에 ○를 하세요.

1. 가) 나는 할수 있다.(   )   나) 나는 할 수 있다. (   )

2. 가) 사진을 찍을 때는 웃어요.(   ) 나) 사진을 찍을때는 웃어요.(   )

3. 가) 일부러 그런 건 아니었어.(   ) 나) 일부러 그런건 아니었어.(   )

4. 가) 만날 때까지 잘지내.(   )   나) 만날 때까지 잘 지내.(   )

5. 가) 예쁜신 한 켤레.(   )   나) 예쁜 신 한 켤레.(   )

6. 가) 올챙이 한 마리.(   )   나) 올챙이 한마리.(   )

7. 가) 물 좀 가져올래.(   )   나) 물좀 가져올래.(   )

8. 가) 좋은생각이 떠올랐다. (   ) 나) 좋은 생각이 떠올랐다. (   )

정답 1. 나 2. 가 3. 가 4. 나 5. 나 6. 가 7. 가 8. 나